AF260215

LETTRE

D'UN

OFFICIER FRANÇAIS

AU

LORD WELLINGTON.

LETTRE

D'UN OFFICIER FRANÇAIS

AU

LORD WELLINGTON,

SUR

SES SIX DERNIÈRES CAMPAGNES.

C'est à la postérité à accueillir et à juger ce quela
passion du jour méconnaît et repousse.

PARIS,

J. G. DENTU, IMPRIMEUR-LIBRAIRE,

Rue du Pont de Lodi, n° 3, près le Pont-Neuf.

1814.

AVIS DE L'ÉDITEUR.

—

Un militaire français, habitué à se rendre compte, par écrit, des évènemens dont il est le témoin, écrivit, il y a près de deux ans, sur les opérations de lord Wellington dans la péninsule, la lettre que l'on va lire.

Nous y joignons la traduction d'un fragment anglais, relatif au même sujet, et inséré dans le *Repertory of english litterature*, n° lxxx (15 juin 1814), pag. 372 et 375 : on y verra quelle sorte de louanges les Anglais donnent à ce général que, dans leur enthousiasme, ils appellent *le plus grand des héros anciens et modernes* (the greatest of modern , we may say ancient or modern heroes) ; *ibidem*, n° lxxix (pag. 314). Le même militaire a joint à cette traduction quelques observations en forme de notes.

Y a-t-il aujourd'hui assez d'hommes, jugeant par eux-mêmes, pour que *ces notes* et *cette lettre* fassent prévaloir la raison sur un engouement poussé jusqu'au ridicule, et fassent juger les hommes et les choses autrement que d'après les résultats? Nous n'osons l'affirmer; mais nous avons la certitude que les matériaux que nous offrons en ce moment au public seront recueillis par les historiens, à qui des mots et des phrases ne feront pas prendre le change sur des faits évidens , comme par tous ceux qui sont capables d'apprécier un grand hommage rendu à la vérité ; et cette certitude nous suffit.

Valladolid, le 5 novembre 1812.

MYLORD,

Tous ceux qui jouent un rôle sur la scène du monde appartiennent à l'histoire ; et tous sont traduits par elle au tribunal de l'opinion, à ce tribunal, où le dernier des êtres est un homme, où l'être le plus marquant, comme le plus puissant, n'est encore qu'un homme, et où la nature, ainsi que la mesure de chaque réputation, se fixent à jamais.

A cet égard, les grandes pensées ou les idées faibles ; les actions héroïques, ou les actions ordinaires ; les à-propos ou les maladresses forment, à plus de titres que les succés ou les revers, les bases des jugemens de ce tribunal incorruptible : jugemens qui provoquent l'éloge ou la censure, et que suivent la honte, la gloire, le blâme ou l'admiration !

Voyons sous ces différens rapports, quels sont vos titres. Que ma qualité de Français ne vous fasse pas supposer que je serai injuste : je ne pourrai sans doute m'empêcher d'être partial ; mais j'espère rester vrai. Si je cessais de l'être, je me tromperais moi-même : je n'ai qu'un but, celui de consigner des faits que la postérité doit recueillir sur un homme que deux nations nomment *immortel*, et que leur cri proclame *le premier général de l'Europe, le général du siècle.*

Je ne parlerai pas des opérations des armées anglaises dans le Portugal en 1808, ni de son expédition en Castille, vers la fin de la même année ; ces faits sont peu honorables pour elle.

Comme général en chef du moins, vous y êtes étranger; je remonte donc seulement au commencement de 1809, époque à laquelle l'armée anglaise, embarquée à la Corogne, retourna à Lisbonne, et à laquelle vous en prîtes le commandement.

Mylord, vous en conviendrez, il était impossible d'entrer dans la carrière sous de plus heureux auspices : le choix des opérations ne pouvait vous embarrasser : le maréchal Soult était à Oporto, et c'était contre lui qu'il fallait marcher : les moyens devaient vous embarrasser moins encore; le maréchal avoit forcément divisé ses troupes, et vous pouviez réunir toutes les vôtres pour agir. Une rivière vous séparait; mais que de ressources le pays ne vous offrait-il pas pour la passer? Le maréchal avait 18 mille combattans, et vous aviez près de 20 mille hommes de belles troupes anglaises, et 12 à 15 mille de portugaises; ajoutez à cela un peuple entier en armes, portant le fanatisme jusqu'à la frénésie, et acharné à vous seconder par tous les moyens qu'une guerre nationale peut fournir, dans le pays du monde le plus difficile.

C'est ainsi que vous arrivâtes sur le Duero. Plus vous aviez d'avantages, plus vous cherchâtes à y ajouter. La probabilité de la réussite, n'eut d'autre effet sur vous, que de vous exciter à la changer en certitude : c'est en général le rôle de ceux qui débutent sur un grand théâtre ; mais vous le jouâtes bien : vous appelâtes même la ruse au secours de la force, et on doit le dire à votre louange, la manière dont vous fîtes passer dans Oporto même, au milieu de l'armée française et dans son quartier-général en chef, une partie de vos troupes sans que personne s'en apperçût, est une chose remarquable. Vous deviez vous attendre à perdre cette espèce d'avant-garde ; mais l'audace plaît aux enfans de la guerre, et l'évènement vous justifia.

Peut-être une idée aussi militaire, et dont vous assurâtes l'effet au moyen d'une attaque très-vigoureuse, aurait-elle dû avoir de plus grands résultats: vous étiez, dit-on, en mesure de faire beaucoup plus de mal à l'armée française ; et vous y eussiez réussi, avec plus de connaissance du pays, avec plus de résolution et de rapidité dans les mouvemens. Quant au maréchal Soult, il sacrifia sans hésitation ce qu'il ne pouvait conserver ; et profitant de vos lenteurs et de ces négligences, qu'à la guerre on nomme *fautes*, il gagna ou força des défilés que vous deviez garder, que vous ne gardiez pas , ou que vous gardiez mal ; et grâce à la vigoureuse résistance que les comtes Laborde et Loison firent, le premier à Oporto même, le second au pont d'Amaranthe; et au dévouement de quelques officiers , et notamment du général Dulong , alors major , il exécuta une retraite que vous jugeâtes trop légèrement impossible , et il rentra en Galice avec son armée.

Dans cette opération , la fin ne répondit ni à vos moyens ni à votre début. Malgré l'avantage du nombre, et les puissans secours que le pays vous offrait, ce début suffit néanmoins pour la rendre honorable: on ne peut s'empêcher d'observer cependant , que l'honneur qu'elle vous fit eût été plus digne d'un commandant d'avant-garde, que du chef d'une armée ; et que si vous fûtes grand pour un fait de détail, vous cessâtes de l'être quand réellement il fallait le devenir ou le rester. En un mot, Mylord, vous prîtes un pas fait, pour un but atteint ; une idée heureuse vous épuisa, et vous vous éteignîtes dans le premier succès.

Passons ce qui est secondaire, et venons à la bataille de Talavera. Vous ne nierez pas que le plan de cette opération ne fut très-militaire.

Vous étiez sur le Tage ; deux armées espagnoles agissaient sur votre droite, et Madrid se voyait à-la-fois menacé par trois points différens.

L'armée du centre ne pouvait seule faire face à tant de forces. Appeler à Madrid les maréchaux Soult, Ney et Mortier, remédiait à tout ; mais ce mouvement n'avait qu'un avantage, celui de vous résister : il était plus beau de vous battre, par l'effet de vos propres manœuvres, et d'exécuter contre vous un grand projet en même-temps que l'on déjouait les vôtres.

Le moyen de réaliser cette pensée, fut conçu. Les trois maréchaux reçurent l'ordre de se porter sur vos derrières : le jour auquel ils devaient y arriver fut déterminé : des circonstances imprévues occasionnèrent des retards : le roi ne put en être instruit : il crut votre armée enveloppée, quand elle était maîtresse de ses mouvemens : il pensa que vous aviez été forcé de vous diviser, quand vous étiez réuni : il trouva toute votre armée retranchée, où il devait à peine rencontrer vos dernières troupes : il comptait agir avec trois corps d'armée, et il donna seul : il devait n'avoir qu'à vous poursuivre, il eut à vous attaquer ; et il vous attaqua, quand il devait se borner à une forte reconnaissance, et appuyer sur votre gauche, afin de prendre position. C'est ainsi que fut livrée, près de Talavera, cette bataille qui devait vous perdre; et qui vous aurait perdu, sans une suite de circonstances aussi heureuses pour vous qu'inattendues. Une belle conception nous valut donc un revers, et une grande faute de combinaison vous valut un avantage.

Direz-vous, Mylord, que vous aviez prévu ce mouvement? Non sans doute; car s'il avait été exécuté, ainsi qu'il devait l'être, vous étiez, non battu, mais détruit ; ajoutons comme fait historique, que le prix de votre imprévoyance fut une pairie !

Ceci nous conduit aux sièges de Rodrigo et d'Alméida.

La position d'Alméida, rend difficile le rôle de toute armée de secours : l'explosion de la poudrière décida de suite la reddition de cette place. Je passe donc sur ce qui la concerne particulièrement; mais comment ne fîtes-vous aucun effort pour faire lever, ou du moins pour retarder le siège de Rodrigo? Vous l'aviez annoncé; le peuple le croyait, la garnison y comptait; une tentative ne vous exposait à rien; elle était militaire et honorable : quelqu'en eût été le résultat, elle aurait changé cette série de circonstances auxquelles se lia l'accident qui abrégea la défense d'Alméida. Le temps vous était favorable, il ne vous manqua pas; et par le concours de ces circonstances, votre inaction contrasta avec votre réputation. Cependant le prince d'Essling entra en Portugal, et parut devant Busaco (septembre 1810): vous occupiez cette formidable position pour nous observer , et non sans doute pour nous attendre , car rien dans le monde ne pouvait vous faire penser qu'elle serait attaquée. Pour qu'elle le fût , il fallut en effet que , de tous les officiers portugais qui entouraient le prince, aucun ne connût son propre pays , et qu'il ne pût éviter d'être trompé, au point de croire qu'il n'existait pas d'autre passage : l'avantage que vous eûtes dans cette occasion, fut donc heureux , mais non glorieux. Au fait, tout se borna de notre part, à attaquer ce qui ne devait pas l'être, et de la vôtre, à conserver ce qui ne pouvait être enlevé. Du reste, les pertes que nous y avons si inutilement faites, et l'effet très contraire que cette affaire produisit sur le moral des deux armées, ne vous parurent même pas suffisant pour vous décider à poursuivre l'armée française, et à chercher à la faire rentrer en Espagne, à l'aide d'une action, qu'à cause des localités et des circonstances, un grand nombre de nos officiers regardaient comme ne pouvant manquer de vous être favorable ; et à peine un renseignement fourni par le hasard nous eût-il fait tourner Busaco, que vous gagnâtes vos lignes à marches forcées.

L'enlèvement de tous nos malades et blessés réunis à Coïmbre ne peut être attribué à vos combinaisons ; c'est l'affaire d'un partisan qui a profité d'un abandon forcé. Je ne m'y arrête donc pas ; car, je le répète, il ne s'agit ici que de ce qui est problématique, c'est-à-dire, de vos titres à une véritable gloire, et non de votre fortune.

Les six mois que le prince passa sous vos lignes méritent une attention plus sérieuse : ils laissent en effet moins de moyens encore d'accorder votre conduite avec votre réputation ; et cette assertion n'admet pas le doute. Ignoriez-vous en effet que cette malheureuse armée de quarante-deux mille hommes qu'elle avait en passant la Coa, était réduite à trente-cinq mille hommes avant d'être sur le Tage ?

Qu'elle y était en proie à tous les besoins, et que les soldats allaient chercher des vivres à quinze, dix-huit, vingt et vingt-cinq lieues de distance, et les rapportaient sur leurs épaules? Ignoriez-vous que ces troupes, sans magasin, sans solde, sans communication avec un habitant, manquaient de chaussures, de vêtemens, et de toute espèce de secours? Ignoriez-vous que cette armée n'avait pas habituellement cinq mille hommes en ligne, et qu'elle n'était presque jamais en mesure d'en réunir plus de quinze mille? Ignoriez-vous que cette armée ne prolongeait cette position si critique, que par l'effet du caractère du prince d'Essling? Ah! Mylord, si vous l'ignoriez, avec tant de moyens de le savoir si bien, vous n'êtes pas général; et si, le sachant, vous n'en avez pas profité pour anéantir cette armée, pour vous emparer de tout son matériel, pour prendre ou détruire quatre grands états-majors, et pour enlever à la France plusieurs des hommes de guerre les plus marquans qu'elle possède; convenez-en vous-même, vous êtes bien loin d'être *le premier général de l'Europe.*

Cependant, cette armée ne pouvant plus prolonger la situation déplorable qu'elle supportait depuis si long-temps, et qui n'avait

plus d'objets depuis qu'il était devenu évi-
dent que le mouvement ordonné sur la rive
gauche du Tage ne se ferait pas (1), pré-
para sa retraite, et vous ne l'inquiétâtes pas.
Elle l'effectua : vous la suivîtes, c'était bien le
moins ; et comme elle se retirait lentement
et en manœuvrant, ses mouvemens donnèrent
lieu à plusieurs affaires d'arrière-garde qui furent inévitables et sans résultats. Observez
même, Mylord, qu'il s'en faut de beaucoup
que vous soyez intéressé à ce que l'on dise
que, dans cette retraite, vous ayiez battu l'armée de Portugal ; attendu qu'on vous deman-
derait aussitôt, pourquoi vous ne l'attaquâtes
pas lorsqu'elle était éparse, si vous étiez en
état de la battre quand elle était réunie ; et
pourquoi vous ne la détruisîtes pas, dans un
pays ouvert et facile pour toutes les armes,
si vous pouviez la forcer dans des gorges
étroites , au milieu de montagnes imprati-

____

(1) Ce mouvement devait consister en une jonction
qui procurait l'abondance à l'armée de Portugal, qui la
mettait à même de tout entreprendre avec succès, et
qui finissait la guerre d'Espagne, que la retraite de l'armée
de Portugal a ranimé, et dont elle a décuplé la violence ;
mais il était facile de sentir, que plus cette jonction était
désirable, plus il était certain qu'elle ne se ferait jamais.

cables, si favorables pour la défense, et dans lesquelles, vous perdiez, *sans compensation,* l'avantage du nombre, celui de votre artillerie et celui de votre cavalerie, (à laquelle, vous le saviez, nous n'en avions presque plus à opposer). Je conviens qu'à Sabugal, vous remportâtes un avantage sur le deuxième corps; mais d'une part, vous n'auriez pas dû y trouver ce corps; de l'autre, vous aviez une telle supériorité de forces, que le succès n'offre plus rien de remarquable ; enfin vous en tirâtes si peu de parti, que vous ne pouvez en retirer aucune gloire. Et pourtant c'est cette campagne, très - ordinaire, où vous ne fûtes pour ainsi dire que le témoin des marches de l'armée de Portugal; et pendant laquelle votre administration se borna à faire défendre, sous peine de mort, d'ensemencer un champ, pour dire ensuite que les Portugais prirent, presque malgré vous, ce violent parti, qui vous fit donner le titre de marquis de *Torrès-Vedras.*

Mylord, je sais tout ce qu'ont valu aux Portugais les lignes de ce nom : je sais que vous les fîtes construire : je sais qu'elles sauvèrent *Lisbonne*, chose dont vous avouâtes, par votre conduite, que vous jugiez votre armée incapable : mais portant un habit militaire, je sais aussi qu'un général en chef qui se laisse créer marquis pour avoir fait construire des lignes, pour avoir tenu derrière elles toute son armée pendant plus de cinq mois; pour l'avoir fait devant une armée bien moins forte que la sienne, et que les circonstances mettaient à sa discrétion, ne raccommode pas par son titre, le tort qu'il a fait à sa pénétration, alors sur-tout qu'ayant eu cent fois l'occasion de détruire cette armée, il ne l'a pas même tenté.

Par suite de la position que le prince d'Essling fit prendre à ses troupes, Alméida se trouva bloquée. Cette place était presque sans vivres, sa garnison était faible et elle ne pouvait être long-temps abandonnée à elle-même. Sûr qu'on ne tarderait pas à tenter son ravitaillement, vous couvrîtes de nombreux ouvrages les routes qui y conduisent. Le prince qui s'en occupait très-sérieusement, marcha pour la réapprovisionner dès qu'il le jugea possible. Le 3 mai il passa l'Aguéda; le 4 il vous présenta la bataille, que vous n'acceptâtes pas ; pendant la nuit du 4 au 5, il appuya sur sa gauche et tourna votre droite par une belle manœuvre résultante d'une belle inspiration ; le 5, à la pointe du jour, il vous attaqua vivement. Tous vos ouvrages étaient devenus inutiles : vos premiers corps furent culbutés par notre cavalerie, qui fit des prodiges ; vous étiez réduit à manœuvrer contre des troupes qui agissaient avec la plus grande vigueur : jamais la victoire ne sourit à plus d'audace et à un plus bel élan ; et lorsqu'il ne fallait plus que soutenir l'impulsion donnée, des considérations impérieuses, et qui paralysèrent tout dans les mains d'un des chefs les plus capables et les plus énergiques, firent terminer l'action. Ah ! Mylord, que seriez-vous devenu sans cette circonstance ? Acculé à la *Coa*, ayant *Alméida* à dos, et sans retraite, vous étiez perdu. Votre salut résulta d'un bonheur sur lequel vous ne deviez jamais compter : vous fîtes, dans cette occasion, une nouvelle faute et une faute énorme : la continuation du blocus d'Alméida ne pouvait jamais vous justifier d'avoir compromis, avec votre armée, tous les intérêts de votre gouvernement dans la péninsule ; et s'être exposé à un tel désastre, est aussi inconcevable qu'il est heureux d'y avoir échappé.

J'avoue que dans cette situation, Alméida et sa garnison ne pouvaient plus vous échapper ; mais je me trompe, l'un et l'autre vous échappèrent. Le général Brennier qui, *malgré votre blocus*, avait reçu l'ordre de faire sauter Alméida, l'exécuta à la vue de votre armée et au milieu d'elle ; sortit de cette place avec sa garnison, se fit jour à travers un triple cordon de vos troupes, ne perdit que 200 hommes sur 1400, et rejoignit l'armée par le pont de San-Félices, *seul point où son passage était possible :* trait de dévouement remarquable, et dont je ne connais point d'autre exemple, qui ne fait l'éloge ni de vos dispositions, ni de vos troupes, et qui ne laisse de justification aux unes, qu'en achevant de condamner les autres (1).

✔ Certes, tous ces faits n'offrent cependant guère de fleurons pour cette couronne d'immortalité dont on charge votre tête : je déclare même, que je n'y vois rien en conceptions (2)

---

(1) La sévérité de cette analyse ne nous empêchera pas de rendre hommage à la noble franchise de lord Wellington, qui, dans cette occasion, paya lui-même un tribut d'éloges au général Brennier, et admira hautement sa conduite.

(2) Il y a à la guerre, comme en toute chose, la pensée du génie, qui est de sa nature hors de la portée de la presque totalité des hommes, et qu'un homme ordinaire aurait inutilement, parce que les idées nécessaires pour la completter, et indispensables à son exécution,

et en actions de guerre dont un général d'armée dût être jaloux : mais continuons la recherche de vos titres, et suivons la marche des évènemens.

Le premier qui se présente est la bataille d'Albuéra. Le maréchal Soult la cite comme une de ses victoires ; les généraux du corps du maréchal Béresford en réclament l'honneur. Autant que les détails m'en sont connus, chacun, à peu de chose près, y garda sa position ; dès lors il n'y eut de défaite pour personne, ni par conséquent de victoire : c'est l'histoire de deux lutteurs qui, après d'inutiles efforts, se séparent sans qu'aucun des deux ait été terrassé. Vimiéro, Busaco et Talavera sont encore des affaires du même genre. Le plus

---

lui manqueraient : viennent ensuite les idées d'un ordre secondaire, et celles-là sont d'autant plus nombreuses, que les évènemens sont plus favorables : mais comme elles ne sont en général que des imitations, tout leur mérite gît dans leur plus ou leur moins d'à-propos. C'est aux idées de cette classe qu'appartiennent les plus heureuses qu'ait eu lord Wellington, et quelle que soit l'influence du succès sur nos jugemens, il ne peut abuser sur des vérités de cette évidence. Il y a en effet beaucoup plus de passion que d'erreur chez ceux qui s'y trompent.

ou le moins de perte de l'un ou de l'autre, ne change pas, à cet égard, la nature des choses ; il n'en résulte qu'avantage pour celui qui perd le moins, et désavantage pour celui qui perd le plus. A Albuéra, les pertes furent à-peu-près égales ; et quiconque n'adopte pas cette manie populaire, qui fait voir dans chaque action d'armée un vainqueur et un vaincu, regardera le succès de cette sanglante affaire comme ayant été partagé. Mais si, dans cette circonstance (et grâce aux généraux anglais qui prirent l'initiative des mouvemens, et manœuvrèrent sans ordre), la fortune balança les avantages entre les troupes du maréchal Soult et celles du général Béresford, vous conviendrez, Mylord, qu'il n'en fut pas de même dans les assauts que vous fîtes si imprudemment donner à Badajos les 6 et 9 juin, et qui portèrent à 6 mille hommes à-peu-près les pertes inutiles que vous fîtes devant cette place ; pertes qui contrastent trop évidemment avec les titres et les qualifications qu'on vous prodigue si indiscrètement.

Si je ne me trompe, cette série d'évènemens nous conduit au mois de septembre 1811. C'était l'époque à laquelle Rodrigo achevait ses approvisionnemens : vous le saviez ; et *alléché* par l'espoir d'être plus heureux sur la rive droite du Tage que vous ne l'aviez été sur la gauche , vous passâtes ce fleuve , pour vous opposer au ravitaillement de cette place. Le maréchal Marmont vous suivit. L'armée du Nord , appuyée par l'armée de Portugal (1) , fit , à la vue de toutes vos troupes , entrer un immense convoi à Rodrigo ; et vous , venu de si loin pour l'empêcher , vous n'osâtes vous y opposer. Mylord, si la funeste influence de considérations personnelles n'en avait ordonné autrement, ces deux armées ne se seraient pas bornées à cette opération , vous auriez été attaqué ; et comme vous n'aviez pas prévu la chance d'une bataille, que vous n'étiez pas prêt pour la recevoir, que vos divisions n'étaient pas même réunies (2), vous eussiez été battu avant d'avoir pu être rassemblé. Au lieu de cela, tout se borna de notre part à d'insignifiantes reconnaissances; à des mouvemens sans motifs; au combat que la cavalerie de l'armée de Por-

---

(1) Les troupes de ces deux armées , employées à cette opération , ne formaient pas 41 mille combattans.

(2) Dans la nuit qui suivit notre passage de l'Aguéda, la division Crawford, je crois, fut réduite à passer entre nos masses pour vous rejoindre.

tugal livra , le 25 septembre , sur les hauteurs
d'Elbodon ; à l'affaire d'Aldéa-de-Ponte (27
septembre) , dans laquelle la 1re division de
l'armée du Nord et sa division de cavalerie légère (1) combattirent pendant quatre heures,
et avec avantage, 16 mille hommes d'infanterie, 14 pièces d'artillerie, et 3 mille hommes
de cavalerie, que le général Cole commandait sous vos ordres (2); et à une affaire très-
vigoureuse que quatre bataillons de la division
du comte Souham, dirigés par lui-même, eu-
rent, deux heures plus tard, et à-peu-près sur
le même point, contre vos dernières troupes.

J'avoue que les évènemens qui me restent
à examiner vous furent avantageux : mais vous
en avez terni la gloire et perdu presque tout
le fruit par des fautes qui passeraient toute
croyance s'il était possible de les révoquer en

––––––––––––

(1) Le baron Thiébault commandait la division d'infanterie, forte de 3200 hommes et de 5 pièces de canon ;
et le comte Wathier de Saint-Alphonse , la division de
cavalerie légère , forte de 1500 chevaux.

(2) L'évaluation des forces ennemies , est conforme
aux déclarations des prisonniers faits dans cette journée.
Leur perte fut , d'après eux , de 500 hommes et un général ; la nôtre fut de 150 hommes.

doute, et c'est ce que prouvera la suite de cette analyse.

La première des opérations qui se présente est la reprise de Rodrigo, et elle forme un beau fait d'armes. Des circonstances extraordinaires vous favorisèrent ; mais vous en profitâtes. Vous fîtes vos dispositions, qui cependant furent assez longues : vous étiez, à la vérité, observé avec soin par le gouverneur de Salamanque qui, depuis le mois de novembre, et par chaque courrier, annonçait vos projets, et faisait connaître dans le plus grand détail tous vos préparatifs ; mais, quelques efforts qu'il pût faire et répéter, pour qu'on s'occupât de Rodrigo, il ne put l'obtenir. Quant à vous, Mylord, favorisé par un temps qui parut miraculeux (1), vous n'eûtes aucune peine à déblayer nos anciennes tranchées que vous suivîtes, ni à rouvrir les brèches que nous avions faites, et qui à peine étaient réparées.

____

(1) Nous fîmes ce siége en été, et nous le fîmes par soixante jours d'une pluie de déluge. Quand nous perdîmes cette place, le 19 janvier 1812, il n'y avait pas eu depuis dix mois dix jours de pluie à Salamanque ; en un mot, il n'y avait ni froid, ni chaleur, ni humidité, ni poussière.

Profitant de cette double et si favorable circonstance, vous poussâtes vos travaux avec la plus grande vigueur, et finalement, secondé par les habitans, vous enlevâtes Rodrigo le septième jour. Il est vrai que vous perdîtes près de 3000 hommes, le général Crawfurd, et à ce qu'on publia, deux autres généraux dans vos tranchées, vos assauts et votre escalade ; mais d'une part, la perte de Rodrigo atténua l'effet que la prise de Valence aurait produit sans elle dans toute l'Espagne, et de l'autre c'est à cette occasion que vous fûtes créé *duc de Rodrigo*.

Franchement, Mylord, un duché pour la prise d'une si mauvaise place, c'est beaucoup : je sais qu'elle avait une importance momentanée ; mais cette circonstance, qui faisait de sa prise un devoir plus sacré pour vous, n'ajoutait rien à la difficulté, ni par conséquent au mérite !

L'attaque de Badajoz suivit de près la prise de Rodrigo. L'armée de Portugal venait de recevoir, dans le nord de l'Espagne, un territoire qu'elle ne devait plus quitter, quoiqu'il n'eût, pour ainsi dire, plus d'objet, si ce n'est de la faire vivre, et elle ne pût concourir à vous faire lever le siége de Badajoz. Dès-lors

cette place manquant d'appuis suffisans, ne
pouvait résister, et elle fut prise. Je connais
peu les détails de cette opération : on assure
qu'elle vous coûta cher; mais personne n'a le
droit de compter avec la bourse des autres, et
toujours est-il constant, à la guerre, que qui
bat a raison, et que qui est battu a tort.

Maître de vos derrières et de vos flancs,
vous repassâtes le Tage, et vous entrâtes en
Castille avec une grande supériorité de
moyens.

La Tormès ne forme pas une ligne militaire,
et Salamanque fut évacuée par l'armée de Portugal, qui même crut devoir mettre le Duero
entr'elle et vous.

Le fort de Salamanque, qui n'avait pas été
achevé, vous fit néanmoins perdre deux mille
hommes et le **général Bowes** avant de se
rendre.

Sur ces entrefaites, le maréchal Marmont
fut rejoint par la division du général Bonnet :
il était, malgré cela, d'autant moins en état
de vous combattre, que vous vous étiez également renforcé; mais il crut le moment favorable pour manœuvrer. Quelques mouvemens
de troupes, habilement faits par lui, vous at-
tirèrent vers Toro; il passa à l'aide d'une

contre-marche le Duero, près de Tordesillas, et vous ne vous trouvâtes pas en mesure de vous y opposer.

Ici commence une série de manœuvres qui convenaient à la position du maréchal, et furent bien conçues et bien exécutées. Mais par cela même qu'il était réduit à éviter de combattre, vous deviez l'attaquer, et vous le deviez d'autant plus, que sachant la marche de l'armée du centre et l'arrivée de quelques troupes de l'armée du nord, il vous convenait de chercher à défaire l'armée de Portugal avant leur réunion. Cependant vous n'entreprîtes rien ; et vous ne fîtes pas repasser le Duero au maréchal.

Jusque-là, Mylord, le rôle du maréchal offre peu de prise à la critique : il aurait dû, sans doute, attendre sur le Duero l'arrivée de l'armée du centre, et celle des mille chevaux que le général Caffarelli lui envoyait avec quelques pièces d'artillerie, ne fût-ce que pour vous y retenir davantage ; mais du moins sa conduite offre un mélange de réserve, d'audace et de calculs qui la justifie autant qu'elle peut l'être. Par malheur, il voulu avoir seul un honneur qui, pour devenir certain, devait être partagé ; et il passa sur la gauche de la Tormès, circonstance sur laquelle vous n'aviez pu

compter. Quoi qu'il en soit, vous prîtes, près
des Arrepiles, une position heureuse. Il vous
crut en retraite, et marcha sur vous. Indépendamment de la disposition du terrain, la
poussière vous permit de tourner son flanc
gauche sans être aperçu ; et, par un mouvement à · peu - près semblable à celui qui, le
5 mai 1811, faillit vous coûter votre armée,
vous gagnátes une victoire mémorable. Cette
bataille, imprévue pour vous, a le mérite de
l'à-propos, et cette circonstance en complette
l'honneur. Le gouvernement britannique vous
donna, à cette occasion, le titre de marquis,
et ce titre dut être réputé bien acquis.

Mais si, pour le peuple, une victoire est
tout, aux yeux des hommes accoutumés à pe-
ser et à juger les opérations de la guerre, une
victoire, si souvent le résultat d'évènemens
fortuits, prouve moins que le parti qu'on en
tire ; et sous ce rapport, vous avez détruit
vous - même la plus grande partie de l'idée
qu'elle pouvait donner de vous.

Et en effet, vous remportez le 22 juillet
une victoire qui met l'armée de Portugal à
votre discrétion Votre cavalerie, douze mille
hommes d'infanterie et douze pièces de ca-
nons portés à Penarada pendant la nuit

du 22 au 23 , suffisaient pour lui faire éprouver les plus grands désastres ; tranchons le mot, pour en laisser à peine échapper des lambeaux. Sans même chercher à la couper ou à l'envelopper, il ne fallait que la suivre pour empêcher qu'elle ne fût ralliée. Le 26, vous pouviez arriver à Valladolid, et y prendre les troupes et la foule de personnes marquantes qui s'y trouvaient bloquées par les guérillas. Par suite , les garnisons de Toro et de Zamora étaient perdues, comme le furent celles d'Astorga et de Tordesillas. Le 2 août , vous arriviez à Burgos , peu d'heures après la nouvelle de votre victoire. Les garnisons d'Aranda et même de Soria pouvaient être enlevées ; et le fort de Burgos, pour la défense *duquel rien n'était et ne pouvait être prêt alors, tombait aussitôt.* Le 6 août , vous pouviez attaquer le fort de Pancorbo. Le 10 août , vous étiez en mesure de passer l'Ebre. Vous entriez en Biscaye, où vous trouviez douze mille hommes de l'armée du nord, en y comprenant la brigade qui était à Santander, et que vraisemblablement on n'aurait pas eu le temps de rappeler. Vous pouviez vous y faire seconder par vingt mille hommes des bandes. Il n'y a donc pas le moindre doute que vous rejetiez l'armée du nord en France; que pendant que cette opération s'achevait par une faible partie de votre armée, le reste pouvait déjà forcer la division de Navarre à se replier sur l'Aragon, bloquer et finir par prendre Pampelune qui était sans vivres, et marcher sur Madrid que vous preniez à revers. Ainsi, Mylord, nous ayant expulsés de tout le nord de l'Espagne, et nous ayant contraint d'évacuer Madrid, vous auriez fait, en six semaines, une mémorable campagne.

Dans une autre hypothèse, et sans revenir sur le temps inutilement perdu jusqu'alors, si après avoir fait insurger Madrid le 12 août, après avoir pris le Retiro le 14, vous aviez de suite marché avec la totalité de vos forces sur Aranda, qui n'était pas gardé, vous pouviez arriver le 22 à Lerma, et le 23 à Burgos. Vous trouviez encore ce fort hors d'état de faire une longue résistance ; vous vous placiez par le fait entre l'armée du nord et celle de Portugal qui était à Valladolid ; vous coupiez la retraite à cette dernière, qui par ce mouvement se trouvait évidemment compromise ; vous pouviez ensuite marcher sur l'armée du nord, incapable de vous résister ; et vous étiez encore maître du nord et du centre de l'Espagne, pendant le temps nécessaire au maréchal Soult pour évacuer l'Andalousie et arriver en Castille.

Au lieu de cela, Mylord, qu'avez-vous fait?

Après avoir remporté une victoire complète, vous n'avez pas fait une marche pour la rendre décisive. Vous n'avez tiré aucun fruit de l'enthousiasme qu'elle devait avoir produit sur vos troupes, et de l'abattement qu'elle avait jeté momentanément dans l'armée française. Après je ne sais combien d'hésitations, vous vous êtes décidé à marcher sur Madrid, où le charme d'un triomphe semble vous avoir attiré, plus que les combinaisons de la guerre n'ont pu vous y conduire. Vous avez mis vingt-deux jours à vous y rendre (1); et vous y êtes arrivé pour y faire battre les quinze escadrons de cavalerie de votre avant-garde, par neuf escadrons de la cavalerie de l'armée du centre et pour vous faire prendre trois pièces de canon. Vous y avez perdu douze jours en mouvemens partiels et inutiles; au lieu de profiter de votre position, qui vous mettait à même de rassembler toutes vos forces et d'agir successivement contre les armées du nord et du Portugal, l'armée du centre, et enfin, contre

-----

(1) Il y a   lieues de Salamanque à Madrid.

l'armée d'Andalousie (ce qui était, pour un général en chef, la circonstance du monde la plus favorable), vous avez voulu faire face par-tout, d'où il est résulté que nous n'avons été accablés nulle part, et que vous avez été hors de mesure sur tous les points. Enfin vous êtes parti de Madrid pour vous reporter sur l'armée de Portugal, et vous vous êtes dirigé sur Valladolid ; ce qui fait que vous avez eu à la combattre en tête, quand vous auriez dû la prendre en flanc ou à revers. Le général Clauzel, manœuvrant avec autant d'ordre que d'habileté, a embarrassé chacun de vos pas. Contraint par-tout à des dispositions qui, par-tout furent inutiles, et n'avançant que quand l'armée de Portugal reculait, vous avez mis douze jours pour venir de Valladolid à Burgos (1), dont le fort n'avait pu être approvisionné *que de la veille du jour où vous l'enveloppâtes* (2) ; et, regardant ce

---

(1) Il y a vingt-deux lieues.

(2) M. Thonnelier, payeur général des armées d'Es-pagne, rendit seul cette opération possible, en fournis-sant tous les fonds nécessaires sur son crédit seul, et par la confiance qu'il avait inspiré aux habitans, et en donnant pour le transport de l'artillerie et des vivres

point comme les colonnes d'Hercule, vous vous y êtes arrêté. Vous avez employé un grand mois en attaques impuissantes contre ce fort, dont vous n'avez pas su apprécier les ouvrages; qui, sous le commandement du général Dubreton, a bravé votre armée toute entière; qui vous a fait perdre plus de cinq mille hommes de vos troupes d'élite, et par rapport auquel votre amour-propre a incontestablement mis votre prudence en défaut. Je dirai plus, vous avez perdu, dans cette occasion, le seul temps de l'année où, en fait de subsistances, rien ne pouvait vous manquer sur aucun point, et où aucune des rivières du nord de l'Espagne ne pouvait vous arrêter.

Qu'en est-il arrivé? Le temps que vous avez laissé échapper si bénévolement, a été employé à éviter les risques qui nous menaçaient et à nous remettre en mesure. L'armée de Portugal se concentrant sur les hauteurs de Pancorbo vous a arrêté, en même temps qu'elle s'est reposée, recrutée et réorganisée. L'armée du nord a pu dissoudre les rassemble-

---

ses propres équipages et tous les fourgons de la trésorerie. C'est un des administrateurs les plus estimables qui aient paru dans nos armées.

mens, qui, pour vous seconder, s'étaient for-
més sur ses derrières, et préparer un corps
d'expédition de douze mille hommes. L'armée
du centre, réunie momentanément à l'armée
du chef qui, en Espagne, a réellement ajouté à
l'honneur des armées françaises, a repoussé
l'armée de Carthagène, et a déjoué ses projets. Le maréchal Soult a rejoint le roi avec des
troupes fraîches, nombreuses et abondamment
pourvues : les armées du centre et du midi se
sont reportées sur Madrid. Cette circonstance,
la marche rétrograde de celles de vos troupes
qui leur étaient opposées, et les renforts que
l'armée de Portugal avait reçus, vous ont réduit, après autant de vaines annonces que de
perte, à la nécessité de lever le siège de Burgos,
et de quitter la Vieille-Castille, où une véritable
zizanie a éclaté entre vos troupes et les Espagnols ; et où vos énormes consommations, et
les contributions et réquisitions nécessitées par
votre passage ont excité un mécontentement
général (1). Pendant que vous prépariez votre
retraite, les armées du nord et de Portugal
se sont réunies, et le commencement de votre

---

(1) Ces faits, dont les moindres traces ont été depuis si
complètement effacées, n'en sont pas moins très-vrais.

mouvement a été le signal d'actions brillantes, et par l'effet desquelles l'armée de Galice s'est débandée et a couvert le pays de ses
armes ; d'actions, qui vous ont coûté beaucoup de monde, dans l'une desquelles votre
cavalerie a été maltraitée par la cavalerie de
l'armée du nord, et dont le premier résultat
a été de vous rejetter sur le Duero et de faire
rentrer nos troupes à Madrid.

Ainsi, Mylord, vous, si inutilement le
maître de toutes les opérations durant trois
mois entiers ; vous, qui pendant ce temps
deviez vous assurer cet avantage pour le reste
de la campagne ; vous, qui jamais n'avez eu à
attendre un renseignement ou n'avez été menacé seulement de manquer de subsistances ou
de les attendre, et qui agissiez contre des hommes pour qui tout était obscurité et incertitude, et qui constamment souffraient tous les
genres de privations ; vous, qui étiez si intéressé à faire au moins servir votre victoire à
vous concilier l'opinion de plus en plus ; vous
n'avez vaincu un moment que pour faire courir l'Espagne à vos colonnes, sans plans et sans
avantages : et ne tirant presque aucun parti de
votre position, vous avez laissé sous chacun de
vos pas la preuve de votre peu d'expérience.

Vous deviez accabler successivement nos corps qui , séparés par d'immenses distances , et long-temps sans communication , ne pouvaient concerter leurs opérations ; et n'apréciant pas même l'énorme avantage d'agir du centre à la circonférence, et de pouvoir nous tromper à-la-fois et sur vos mouvemens et sur vos forces, vous vous êtes morcélé ; vous avez bénévolement partagé l'inconvénient de notre position , et vous nous avez mis à même de changer de rôle avec vous , de nous masser , de vous repousser et de vous poursuivre. Par là , vous avez perdu l'offensive , qui est tout à la guerre ; et maître des évènemens vous vous êtes mis à leur merci. Non seulement il ne reste à vos admirateurs aucun moyen de vous attribuer le peu de succès que vous avez eu ; mais il ne vous laveront jamais de n'avoir pas sçu mieux profiter des bienfaits de la fortune. Tout a donc abouti pour vous , à une effervescence qui finit par le découragement ; et lorsque sous les rapports politiques vous avez partout amélioré notre situation , vous vous êtes réduit , sous les rapports militaires, à ne plus chercher qu'à échapper à nos entreprises et à diminuer vos pertes. Triste effet de si fastueuses annonces , et qui finira par vous faire repousser dans les montagnes du Portugal, vous faire évacuer le sol de l'Espagne, et vous faire enlever Rodrigo et Alméida, si la saison ressemble à celle de l'année dernière. Vous êtes même fort heureux, Mylord, d'avoir derrière vous ces montagnes de l'Estrelle, que l'hiver nous rend impénétrables, et sans lesquelles il serait facile de vous apprendre de quelle manière on profite d'un succès, comment on multiplie les avantages d'une situation heureuse, et comment on les complète (1).

----

(1) Ce pronostic est loin d'avoir été réalisé : la septième note mise au morceau qui se trouve à la suite de cette lettre, et qui est également relative à ce moment, expliquera à cet égard ce qui peut être expliqué. Au surplus, ce qui concerne la guerre d'Espagne a dépassé tout ce qui pouvait paraître possible. On dirait que, dans cette guerre impie, la première et la plus puissante cause de nos désastres militaires, un Dieu vengeur a tout dirigé : du moins est-il vrai qu'une destinée fatale y a fixé parmi nous la discorde, et a annullé par elle tout ce qu'on devait attendre des talens, de l'expérience, de la capacité et de la valeur ; aussi la gloire de lord Wellington est-elle la seule chose qui, en Espagne, soit aussi extraordinaire que les malheurs que nous y avons eu, malheur dont cette gloire résulte toute entière, sans que celui qui en jouit puisse s'en attribuer la dixième partie.

Et, en effet, que pourriez-vous dire pour combattre cette masse accablante de raisonne- mens, tous fondés sur des faits incontestables ?

Diriez-vous que les pertes que vous avez faites à la bataille des Arepiles, vous permet- taient d'autant moins de suivre l'armée de Portugal, que vous saviez l'armée du centre plus près d'elle ?... Mais l'armée de Portugal, qui était la plus faible avant la bataille, avait perdu beaucoup plus que la vôtre, sans même parler de plusieurs de ses chefs les plus mar- quans ; mais elle était hors d'état de soutenir un nouveau choc, et même d'être remise en ligne ; mais elle pouvait être détruite avant que ses débris eussent rejoints les 17,000 hommes formant l'armée du centre, armée qui, dans cette situation, ne pouvait plus vous attendre, et avec laquelle, en perdant moins de temps, vous rentriez à Madrid; ce qui ne laissait plus de possibilité à sa retraite.

Diriez-vous avec vos prôneurs, qu'ayant jugé qu'il fallait nous user, non nous combat- tre, vous ne vouliez que nous faire détruire par le temps, vous réduisant à n'être que son auxiliaire, ce qui n'est certes pas très-glo- rieux lorsqu'il y a mieux à faire ; ou bien ré- péterait-on encore que le rôle des membres de l'opposition ne vous permettait de courir aucune chance ? Mais je répondrais que rien de tout cela ne vous justifie, attendu que, relativement au temps, vous pouviez le prévenir; et que relativement aux chances, vous en avez couru qui, dans l'une et l'autre hypothèse, étaient inutiles; tandis qu'il n'y avait aucune chance fâcheuse attachée aux opérations que vous avez si gratuitement manqué l'occasion de faire, et que, comme général d'armée, vous ne vous laverez jamais de ne pas avoir faites.

Diriez-vous que vous manœuvriez seulement pour nous faire évacuer l'Andalousie ?... Mais l'avantage de nous faire quitter une partie du midi de l'Espagne, se complétait par ceux que votre position vous mettait à même d'obtenir dans le nord; en les négligeant, vous nous avez fortifiés au lieu de nous affaiblir : mais encore devant assez connaître la position et les mouvemens de l'armée de l'Andalousie pour ne craindre sur aucun point *une erreur d'un jour,* vous étiez en mesure de tout faire sans rien compromettre; et quoique vous puissiez dire, vous ne prouverez jamais que vous ayez retiré aucun bien du mal que pouvant nous faire, vous ne nous avez pas fait.

Diriez-vous enfin que si vous n'avez pas pris le fort de Burgos, c'est que vous n'avez pas voulu en faire l'objet d'un siége en règle ? Ici l'évidence ne laisse pas même l'apparence du doute, et démontre que votre insuccès à cet égard n'a résulté que de la manière dont vous avez jugé ce fort, et non du manque de volonté. Quand on sacrifie plus de cinq mille hommes devant un fort semblable; quand on perd à-peu-près autant de monde pour être venu l'assiéger et pour s'y être arrêté trop long-temps, et quand, dans votre position, on proclame chaque jour sa reddition prochaine, on n'a rien négligé de ce qu'on a cru nécessaire pour le prendre ; et si à cet égard on s'est trompé, on n'a échoué que par manque de jugement ou de connaissance, et non par le peu d'importance qu'on attachait à la réussite.

Mylord, vous avez cent fois tué l'occasion, et vous finirez par être tué par elle, si nous cessons de faire pour votre cause plus que vous n'avez encore fait vous-même, et si la fortune ne continue pas à vous servir en aveugle obstinée.

Mais je m'aperçois que j'ai commis relativement à vous, une grande erreur : je n'ai considéré que les évènemens, et je n'ai jugé que d'après eux ; il était vraiment impossible de pousser la partialité plus loin. N'est-ce pas en effet méconnaître cette vérité éternelle, qu'un fait ne vaut que par les circonstances qui l'ont accompagné, et qu'il ne peut être apprécié (quant à l'honneur personnel qui en résulte) qu'en raison des difficultés vaincues ? N'est-ce pas oublier de même, que celui qui, avec de grands moyens, fait moins qu'il ne doit faire, tombe au dessous de celui qui, tout en faisant de plus petites choses, fait cependant plus qu'on ne devait attendre de ceux mis à sa disposition? Il serait donc facile de prouver que vos avantages sont trop grands, pour que les généraux français employés en Espagne doivent être jugés d'après les mêmes bases que vous ; c'est-à-dire d'après les faits seulement (1); et l'on est autorisé à con-

____

(1) Rien ne peut donner une idée des avantages qu'en Espagne l'ennemi avait sur nous.

Indépendamment de celui du nombre, qui, à la fin, était hors de toute proportion, et que nous ne parvenions à balancer un moment sur un point que pour nous faire accabler sur tous les autres, l'ennemi, à quelque distance que ce puisse être, était instruit à temps de tout ce qui pouvait l'intéresser : il n'avait à hésiter sur aucune détermination ; et alors qu'il ne pouvait

clure de cette observation, que l'on reste
bien loin des hommes dont on ne fait que

---

exister contre nous d'incertitude sur rien, nous les
cumulions toutes, et ce que l'horison nous couvrait
était pour nous impénétrable.

Les plus grandes distances ne présentaient à l'ennemi
ni risque ni difficultés ; les plus petites étaient pour nous
périlleuses au dernier point, et décourageantes par la
masse d'embarras qui s'y rattachaient.

Avec ces nuées de guérillas qui, sur tous les points
étaient des agens actifs, sûrs et dévoués, un mot suffisait
à ses chefs pour tout faire faire, pour tout avoir ; tandis
que pour nous, des forces considérables étaient souvent
insuffisantes pour arracher au pays ce que les besoins
des troupes réclamaient le plus impérieusement.

On courait de toute part pour le servir ou pour nous
nuire, et on fuyait de par-tout pour ne nous rendre
aucun service, ou seulement pour lui être agréable ; de
sorte que les moindres lieux habités devenaient pour lui
des endroits de ressources, et que les villes les mieux
pourvues se changeaient pour nous en des déserts ou des
repaires d'assassins. Sans parler de l'effet désastreux d'un
climat dont notre position décuplait les inconvéniens pour
nos troupes, les soldats de l'ennemi, toujours reposés et
dans l'abondance, se battaient habituellement bien vêtus,
bien chaussés, repus de nourriture, et même ivres
d'eau-de-vie ou de rum, selon la coutume des armées
anglaises ; et les nôtres, parfois en guenilles et sans
chaussures dans les plus mauvais temps, épuisés de
fatigues sans résultats, et dans la disette, se battaient

balancer les avantages dans une situation si différente; que vous pouvez vous féliciter de

---

presque toujours sans avoir rien mangé depuis plusieurs jours, ou chargés de vivres qui leur étaient donnés pour quatre et cinq jours, c'est-à-dire tombant d'inanition ou succombant sous le poids; d'où il arrivait que l'ennemi pouvait tout exiger de ses troupes, quand nous n'osions rien demander aux nôtres.

Tout le pays lui tenait lieu de magasins : quelques places pouvaient à peine en abriter quelques-uns pour nous ; et lorsque nous étions obligés d'entasser nos malades dans des locaux insuffisans, il pouvait disperser les siens dans le pays entier; nouvelle cause de conservation pour lui, et de destruction pour nous.

Il ignorait ce que c'était qu'escorter des convois, des courriers, des évacuations, des bagages, et même des prisonniers de guerre; alors que nous étions sans cesse en mouvement pour des courses de cette nature qui, réglées, quant aux heures, aux lieux et aux forces, nous mettaient sans cesse à sa discrétion, et auxquelles nos malheurs nous ont successivement forcés d'employer des pelotons, des compagnies, des détachemens, des bataillons, des régimens, des brigades, des divisions et des armées : en ce qui tient aux bagages, parcs, etc., ceux de l'ennemi étaient en sûreté à dix lieues de lui, les nôtres ne l'étaient pas hors de la portée de notre canon, attendu que nous étions toujours entourés d'ennemis, et que nous en avions ordinairement plus par derrière que par devant, et que nous ne savions jamais n'avoir affaire qu'à des chefs dont la plupart des moyens sont paralysés, mais qu'il y aurait trop de présomption à s'en enorgueillir ; et qu'il a fallu à un général français plus de capacité pour éviter les plus grands malheurs, dans la dernière campagne d'Espagne, qu'il ne vous aurait fallu de talens pour y faire les plus grandes choses.

Ainsi, Mylord, au lieu de permettre sur votre compte des exagérations qui trop facilement peuvent en provoquer de contraires, rejettez de vaines adulations, scrutez votre conduite et vos actions ; voyez quel mélange elles offrent ; combien vous êtes parfois différent

---

où ils étaient, quand ils savaient toujours où nous prendre.

Outre cela, les forces de l'ennemi, disséminées ou réunies, l'étaient toujours sans risques, quand les nôtres cumulaient, dans toutes les situations possibles, les inconvéniens des réunions ou des disséminemens ; enfin, ses troupes ne marchaient que pour la guerre, tandis que les nôtres étaient inévitablement épuisés pour la guerre avant de pouvoir combattre.

Quelque incomplet que soit cet aperçu, il suffit cependant pour prouver combien il est partial de donner au talent le résultat de tant de circonstances qui lui sont étrangères ; et combien il y a de *complaisance* à recevoir des hommages qui ne sont dictés et applaudis que par la moquerie, la bassesse ou l'erreur.

de vous même, et combien peu vous gagnez à ce que l'on révèle ces variations ! En voulez-vous des preuves matérielles ? les faits seuls en fournissent, et vous accusent (pour me servir d'une bien faible expression) d'imprévoyance à Talavera et à Fuente - Guinaldo ; d'une inaction qu'on ne peut expliquer ni concevoir, dans les lignes de Torrès - Vedras ; d'imprudence le 5 mai, et de lenteur et d'irrésolution dans tout le cours de votre dernière campagne (1812). Rappelez-vous également, que c'est à un bonheur inconcevable et nullement justifié, que seul vous avez dû votre conservation à Talavera, l'affaire de Busaco et celle de Sabugal ; votre salut à Fuente - de-Oguoro et à Fuente-Guinaldo ; la prise de Rodrigo et la bataille des Arepiles, uniques faits d'armes que vous puissiez citer ; et concluez de tout ce qui précède, que conduit autant que favorisé par les évènemens, vous n'avez pas su les maîtriser ; qu'enfant des hasards, vous n'avez pas été un pilote habile ; que si vous avez mérité de recevoir le titre de marquis pour le gain de la bataille des Arepiles , vous avez mérité de le perdre par votre conduite ultérieure ; et que vous n'avez pas plus de titres à être nommé *Immortel*, qu'à être proclamé le *général de l'Europe* ou le *général du siècle.*

Une dernière observation se présente ; elle est relative à vos titres espagnols et portugais ; et elle vous touche d'assez près pour n'être pas omise. Qu'un homme obscur reçoive des bienfaits de toute main, personne ne s'en étonnera, parce qu'en ne songeant qu'à lui, ne travaillant que pour lui, tout ce qui peut l'élever aux yeux de la multitude doit lui convenir ; mais qu'un homme chargé d'un beau rôle, honoré d'une grande confiance, agissant pour les intérêts d'un peuple puissant ; qu'un homme d'état, enfin, reçoive, même en titres, quoique ce puisse être d'un autre gouvernement que le sien, il se fait fort peu d'honneur : rappelez-vous à ce sujet Colbert qui, informé que *Louis XIV* lui accordait de grandes faveurs, déclara qu'il ne les accepterait que lorsqu'elles auraient été enregistrées au parlement.

Recevez, Mylord, l'assurance des sentimens de très-haute considération, avec lesquels j'ai l'honnneur d'être,

DE VOTRE EXCELLENCE,

Le très-humble serviteur ,

Ch. de S^{te}- L.,

Officier français.

APPRÉCIATION

DES FAITS D'ARMES

DU DUC DE WELLINGTON.

(Traduit de l'anglais.)

Extrait d'un ouvrage manuscrit intitulé : Les vrais Principes de la politique, déduits des documens historiques; *par le Rév. Forbrooke.*

(Cet ouvrage doit être incessamment livré à l'impression.)

Expédition du Portugal.

Texte. Les Français avaient commis une grande faute en négligeant d'occuper le pays avec des forces imposantes. Aussitôt après la retraite de sir John Moore (*D fense du Portugal,* par le capitaine Elliot), le duc de Wellington, alors sir Arthur Wellesley, proposa, dit-on, la seconde occupation du Por-

tugal. Cette idée eut un heureux succès. « Dès
« que l'on a (dit Gibbon, II, 258) une grande
« supériorité sur mer, et la possibilité de trans-
« porter au dehors des troupes considérables,
« il faut porter la guerre au centre des pos-
« sessions de l'ennemi. » Une semblable entre-
prise n'étant pas praticable , le plan proposé
s'en rapprochait le plus : la politique est fondée,
on le voit, sur des principes certains. Ainsi
l'empereur Protée envahit le pays des barbares,
parce qu'il pensait que l'expérience des maux
de la guerre au sein de leur patrie , pouvait
seule les ramener à des idées de paix.

Observation. La fureur de faire ou de faire faire
plus que les moyens existans ne rendaient possible ,
est cause de presque tous nos désastres ; et la manière
insuffisante dont on a cherché à réparer à cet égard
les écoles que l'on a faites , n'a eu d'autre résultat que
d'aggraver nos malheurs. Le Portugal a fini par en être
une preuve frappante : si , en 1808, le duc d'Abrantès
avait eu trente-cinq mille hommes au lieu de vingt-
cinq mille , les Anglais n'auraient pas débarqués , et
peut-être n'auraient pas paru dans la péninsule, où
ils ont fini par décider de tout : si , en 1809, le maréchal Soult avait eu quarante-cinq à cinquante mille
hommes au lieu de dix-huit à vingt mille hommes.
qui lui restaient après la prise d'Oporto, il était en

état d'arriver à Lisbonne, de chasser les Anglais du Portugal, et d'occuper et garder tout le pays : si, en 1810, le prince d'Essling, au lieu des trente-cinq mille hommes avec lesquels il s'est trouvé sur le Tage, avait pu y arriver avec soixante-dix à quatre-vingt mille hommes, il aurait enlevé les lignes de Torrès-Vedras, pris Lisbonne, et détruit l'armée anglaise; mais ne faisant, que lorsqu'il n'était plus temps, l'effort qui plutôt aurait tout sauvé, on ajoutait aux désastres et on les multipliait, au lieu de les arrêter ou de les prévenir. La réflexion par laquelle l'écrivain anglais débute, est juste : nous ne pourrions en dire autant de la suite de l'article, et notamment de sa dernière citation, relativement à laquelle nous avouons notre entière ignorance.

Bataille de Talavera.

Texte. Quand on a le choix, il ne faut point combattre en nombre inférieur, parce qu'alors la perte ne peut pas manquer d'être importante. Cette bataille en prévint probablement beaucoup d'autres, en faisant connaître à l'ennemi le caractère sublime des troupes britanniques, si admirablement peint par Goldsmith : « Van Tyler, dit-il, était une de ces « âmes intrépides comme il s'en trouve beau-« coup parmi les Anglais de toutes les classes,

« prêtes à affronter tous les dangers et à sup-
« porter tous les maux. »

Observation. Ceci est dú galimathias : renvoyé au passage de la lettre qui a rapport à la bataille de Talavera.

Lignes de Torrès-Vedras.

Texte. « François Ier, dit Robertson (*Histoire « de Charles-Quint*, année 1536), se fixa au « seul plan qui pût rendre sans effet l'invasion « d'un ennemi puissant. Il se détermina à rester « constamment sur la défensive ; à ne point « hasarder de bataille, ni même d'escarmouche « importante, sans être sûr du succès ; à for- « tifier ses camps d'une manière régulière ; à « ne jeter de garnisons que dans les places « vraiment fortes ; à priver l'ennemi de sub- « sistances, en dévastant tout le pays devant « eux ; enfin à sauver le royaume entier par « le sacrifice d'une de ses provinces. »

Observation. La citation de Robertson, relative- ment aux lignes de Torrès-Vedras, inculpe lord Wel- lington, et ne peut l'absoudre : nous étions inférieurs, et non supérieurs en nombre ; l'armée du prince s'af- faiblissait chaque jour ; nous n'avions jamais plus de la moitié de nos combattans présens et du quart en ligne : en ne faisant rien, lord Wellington se borna

à défendre ce qu'à la fin nous ne songions plus
même à attaquer, et nous força, sans justification
possible, contre les intérêts de sa gloire et ceux du
Portugal, à ravager des provinces qu'il pouvait sauver, qu'il devait sauver, et qu'il nous abandonna,
par une inaction qu'on a nommé *prudence*, mais
lui, quelqu'honneur qu'elle lui ait faite, n'en aurait pas moins justement terni la réputation du plus
faible de nos généraux en chef.

Bataille d'Alméida.

Texte. Il faut se rappeler que le duc de Wellington, manquant de cavalerie, fit ensorte que
le fort de cette bataille se portât sur l'occupation d'un village dont les Français furent chas-
sés, et où ils furent enfin défaits. C'était l'usage
dans les guerres d'Italie, de faire combattre un
escadron contre un autre, et d'envoyer un
escadron frais remplacer au combat celui qui
était fatigué et prêt à reculer; de cette manière
on perdait peu de monde, et le succès restait
indécis. (Guichardin, liv. II.)

Observation. Ainsi que je l'ai dit, en parlant de
cette journée, la disposition fut bonne; elle seule le
fut, et elle seule dépendit du général en chef. En
effet, on déborda la droite de l'ennemi; et au lieu de
profiter de cet avantage, le plus grand à la guerre, on
retira les troupes du point de la véritable attaque, et

cela au moment où l'on obtenait des succès déci-sifs. Je ne sais comment on s'acharna à enlever le village de Fuente-de-Ognoro qui, dominé par les plateaux que l'ennemi occupait, était un des appuis de sa ligne ; il était inutile de l'avoir, et impossible de le conserver. L'on y fit, en pure perte, des prodiges de valeur ; circonstances qui ne laissent aucun à-propos au passage de Guichardin, qui même n'a pas de sens.

Ravitaillement de Rodrigo.

Texte. Après cette bataille, on suspendit les opérations actives. Un fameux général , dit l'écrivain que nous venons de citer (liv. II.), regardait comme une imprudence de s'exposer sans nécessité aux caprices de la fortune.

Le duc de Wellington s'est autorisé de la même raison pour refuser de combattre à Fuente - Guinaldo. C'est d'ailleurs une règle militaire de ne jamais prendre l'offensive, si l'on n'est supérieur en nombre : en forçant les Français à laisser, pour l'observer, une grande partie de leurs troupes, le général anglais exposait le reste à la guerre *harassante* que leur faisaient les Espagnols ; et par le repos même où il demeurait, il les confirmait dans l'idée que son armée était invincible.

Observation. Dire qu'à Fuente-Guinaldo lord Wel-lington refusa de combattre, c'est faire croire qu'il s'était ménagé les moyens d'accepter ou d'éviter la bataille, et le fait est faux. Nous étions au cœur de son armée, avant qu'il se doutât que nous passerions l'Aguéda; et s'il lui a été possible de se retirer malgré ce mouvement, c'est à notre mésintelligence, qu'il ne pouvait connaître, et non à ses calculs, à sa prévoyance ou à ses dispositions qu'il l'a dû. Il n'y a donc rien de vrai dans tout ce paragraphe, si ce n'est l'observation générale que, pendant qu'en Espagne l'armée anglaise se reposait, l'armée française était livrée à la guerre, non-seulement *harrassante*, mais *destructive* des Espagnols, et n'obtenait rien qu'au prix du sang et d'accablantes fatigues. Mais quel rapport cette observation a-t-elle avec l'imprévoyance qui, dans cette occasion, devait coûter à lord Wellington presque toute son armée sans aucune lutte dont il pût s'honorer? Je ne parle pas de l'opinion que l'armée de lord Wellington était invincible; une telle opinion n'a jamais existé que dans le cerveau du journaliste anglais : le soldat français le plus ignorant et le moins vaillant, eût rejeté cette idée avec mépris. Par des assassinats continuels, les Espagnols ont constamment rivalisé avec l'administration d'un grand nombre de nos hôpitaux pour la destruction des armées françaises : ces deux causes, en nous épuisant sans cesse, ont réellement sapé les fondemens de notre édifice, dans la péninsule. Les Anglais, avec les moyens qui leur étaient propres, c'est-à-dire leur armée, n'ont fait que donner l'impulsion qui en a accéléré la chute. Quelque chose que l'on puisse dire, il est de fait que lord Wellington n'a réellement eu en Espagne que deux mérites qui, à la vérité, ont été fort grands : le premier, d'organiser admirablement l'insurrection de toute la péninsule, et les armées espagnoles et sur - tout portugaises ; le second de se créer un état-major parfait, et au moyen duquel tout ce qui tient aux reconnaissances et au choix du terrain, s'est peut-être fait mieux que dans aucune autre armée du monde ; mais en dernière analyse, ces avantages font sa critique plus que son apologie.

Bataille de Salamanque.

Texte. « Il peut y avoir du danger (dit Gib-« bon, V, 81) à étendre trop sa ligne de défense « devant un adversaire habile, et maître de « presser ou de suspendre, de resserrer ou « de multiplier ses moyens d'attaque. » Marmont se forma sur une ligne très-mince : cette disposition ne pouvait être bonne qu'autant que le général ennemi n'eût pas eu le choix de ses moyens d'attaque. L'idée de Marmont était donc imparfaite et mal appliquée.

Observation. Le publiciste anglais impute le gain

de la bataille de Salamanque ou des Arepiles, à la trop grande extension que le maréchal Marmont a donné à sa ligne : cette cause peut avoir contribué à notre défaite ; mais elle n'a été qu'une de celles qui, conjointement avec sa blessure, ont concouru à ce funeste évènement, dont la chance ne devait pas être courue.

Retraite de Burgos.

Texte. Cette retraite fut conduite d'après les principes militaires des Romains : ils couvraient leur arrière-garde avec de la cavalerie, destinée à repousser l'ennemi qui avançait. et non à poursuivre les fuyards. (Tacite, *Annal.*, XIII, 40.)

Observation. Ces mots *retraite de Burgos*, indiquent sans doute le mouvement par lequel lord Wellington abandonna la Castille vers la fin de 1812. L'apologiste a raison de s'exprimer à cet égard avec laconisme et ambiguité, et de ne s'arrêter qu'au résultat qui, en Espagne, a si souvent et si complètement contrasté avec ce qui paraissait le plus certain, et ce qu'il était le plus juste d'attendre. Quoi qu'il en soit, je demanderai à l'éternel citateur qui a fabriqué ce morceau, ce qu'il entend par la *cavalerie qui se bornait à repousser l'ennemi, mais qui s'abstenait de poursuivre les fuyards ;* c'est-à-dire sur quel point la cavalerie anglaise nous a repoussé , ou aurait eu des fuyards à poursuivre dans cette retraite , qui a conduit l'*invincible armée* depuis Pancorbo jusqu'à la Coa ? Quant à lord Wellington, il offre dans cette occasion une nouvelle preuve, et une preuve plus frappante que toutes les autres , de ce que j'ai si souvent dit, dans la lettre ci - dessus rapportée, en répétant que la fortune et nos fautes, ont fait les neuf dixièmes de sa gloire ; et que ces dernières ont été telles, que sa fortune a le plus souvent été inutile, et que ses propres fautes, toutes grandes et nombreuses qu'elles ont été, n'ont pu nous sauver de l'effet des nôtres !..... Que l'homme impartial suive les faits que je vais présenter, et il en tirera, je le dis hautement, la même conséquence que moi. Or, il est notoire, que les armées d'Andalousie et du centre, atteignirent au-delà de la Tormès celle de lord Wellington (que l'armée de Portugal et quelques troupes de l'armée du nord poursuivaient) ; il est de fait que lord Wellington avait trois mille cinq cents hommes de cavalerie, et que nous en avions plus de dix mille des plus belles troupes ; qu'il avait soixante pièces de canon, et que nous en avions plus de cent quatre-vingt ; qu'il avait quarante à quarante-deux mille hommes d'infanterie, et que nous en avions près de quatre-vingt mille ; que ses troupes étaient ébranlées par une retraite de quatre-vingt lieues, et que toutes nos troupes *haletaient* après une bataille, seul prix possible des fatigues auxquelles elles devaient leur réunion ; seule compensation de l'abandon de l'Andalousie ; et seul moyen de venger l'honneur de nos armes et de finir une guerre *dont le peuple espagnol ne voulait plus*, et que *le premier grand revers de l'armée combinée aurait indubitablement terminée*. Pour surcroît de bonheur pour nous, lord Wellington ayant mal calculé nos marches (avec tant de moyens de le bien faire), se trouva, entre Salamanque et Rodrigo, débordé par sa droite de trois à quatre lieues. Deux de ses divisions étaient entièrement séparées du reste de son armée par le torrent de San-Mugnos ; ses bagages et son artillerie embarrassaient sa marche. Le temps le plus affreux ajoutait à ce que cette position avait de fâcheux : il n'y avait plus de notre part de disposition à faire ; il n'y avait qu'à laisser aller les troupes. L'armée de lord Wellington n'avait plus une chance pour elle : elle allait être non battue, mais anéantie ; et lorsque nos malheureux soldats n'avaient, pour ainsi dire, plus besoin de chef pour vaincre, des ordres supérieurs arrêtèrent l'armée entière ; elle fut condamnée à une immobilité de quarante heures ; et, par cette disposition, l'ennemi eut le temps de retirer son dernier homme, son dernier canon, ses derniers bagages ; et cela, malgré les cris de toute l'armée!... faits bien humilians et bien tristes à rappeler, et que je ne cite que parce qu'ils ont été successivement dits, répétés et certifiés en ma présence par plus de vingt généraux de ces trois armées.

Passage du Duero, évacuation de Toro, de Zamora, de Burgos, et ce qui en fut la conséquence.

Texte. « Byzance offrant un des passages les « plus importans d'Asie en Europe, était gardé « par une forte garnison, et une flotte de « cinq-cents bâtimens mouillait dans son port. « Un plan si sage de défense fut déconcerté « par l'impétuosité de Septime - Sévère. Il « laissa ses généraux faire le siége de Byzance, « força le passage de l'Hellespont sur un point « moins gardé que les autres, et, dédaignant « des ennemis subalternes, marcha en avant « à la rencontre de son rival. (Gibbon, c. 5.) « La même politique a été adoptée par le duc « de Wellington avant la bataille de Vitoria. »

Observation. Il m'est impossible de trouver un à-propos à cette nouvelle citation ; mais pour ne pas paraître vouloir arbitrairement imposer le joug de mon opinion, je vais recourir aux faits.

Lorsque vers le 20 mai 1813, lord Wellington reprit l'offensive, il n'y avait, sur aucun point de ces rassemblemens, de troupes ou de moyens de dé-

fense qui pussent rappeler la garnison ou la flotte
de Bysance. Les provinces de Salamanque, Zamora,
Toro, Léon, Palencia, Valladolid, Avila, Ségovie,
Madrid, et même Burgos, étaient gardées par ce
qui restait en Espagne des armées du midi, du
centre et du Portugal, dont trois divisions étaient
détachées sur la gauche de l'Ebre ; il y avait
donc sur la droite de ce fleuve trente-trois mille
hommes, morcelés par divisions, en partie séparés
par de grandes distances, fatiguées par des courses
continuelles, et surchargées d'un énorme matériel
d'artillerie, d'équipages et de bagages. C'est dans
cette situation que lord Wellington, s'avançant à
la tête de plus de soixante-dix mille hommes de
troupes fraîches et pourvues de tout, trouva l'armée française. En infanterie seulement, l'armée
anglo-portugaise était en ce moment de huit divisions, composées chacune de deux brigades anglaises et d'une portugaise, et forte de sept à huit
mille hommes; indépendamment de deux brigades
portugaises isolées, et de la division portugaise
Freira, qui rejoignit l'armée plus tard. Chacune des
brigades portugaises était à-peu-près aussi forte
que les deux brigades anglaises réunies, et on sait
qu'à la fin, les troupes portugaises valaient au moins
les troupes anglaises. Nous ne parlons ici ni de la
cavalerie de l'armée anglo-portugaise, ni des armées espagnoles qui étaient sur ce point, ni de
leurs bandes. Il est donc risible de le voir déifié,

pour avoir recouru , dans une telle situation , à de savantes manœuvres , véritables puérilités quand rien ne les nécessite, et fautes très-grandes , quand au lieu de servir , elles nuisent.

Le fait est que , s'il s'était borné à se jeter au milieu de notre armée, en l'attaquant par un de ses flancs, ou si en suivant son plan, et ainsi qu'il le pouvait, il s'était porté en trois ou quatre jours de la hauteur de Zamora sur l'Esla, où il a mis douze jours à arriver ; enfin s'il avait eu un peu de cette impétuosité de Septime-Sévère , dont parle si maladroitement notre citateur , lord Wellington rendait notre rassemblement total impossible, détruisait nécessairement plusieurs de nos corps , et ajoutait à chaque pas à la disproportion des moyens ; tandis qu'en exécutant aussi lentement qu'il l'a fait le mouvement auquel il s'était décidé , il s'est ôté à lui-même tous les avantages dont il a dépendu de lui de se priver.

Du reste, nous sommes loin d'avoir à nous plaindre de sa conduite : en marchant par notre droite, ainsi qu'il l'a fait, il a pris lui-même la peine de rassembler nos corps , et il a porté cette attention à un point tel, que pour sauver la division Villatte, par exemple, qui était à Salamanque , et qui sans lui était au moins compromise, il l'a fait attaquer en tête par un corps qui, sans l'entamer, a cependant été assez fort pour la contraindre à se réunir aux autres.

Par des motifs qu'on ne peut concevoir, à moins qu'il n'ait voulu éviter de suivre les traces de qui que ce soit, il dédaigna la plus belle route du monde; et la laissant bénévolement à peu de distance sur sa droite, il se rendit par des chemins souvent difficiles à Villarcayo. De son côté, le roi Joseph, qui ne pouvait être tenté de suivre cet exemple, et qui dès Valladolid avait, grâce aux lenteurs de lord Wellington, été rejoint même par ses détachemens de Madrid, arriva sur les hauteurs de Pancorbo.

De grands souvenirs se rattachent à ce moment : tout pouvait encore être sauvé, et cependant c'est là que l'Espagne fut perdue pour nous ; elle le fut, non par l'effet du génie de lord Wellington, mais faute d'avoir suivi le conseil qu'un de nos généraux en chef fit de vains efforts pour faire adopter. Dans le fait, la garnison de Vitoria, et ce que le roi avait avec lui, formaient trente-six mille hommes : le général en chef Clauzel était en Navarre avec quatorze mille hommes ; le général Foy était à Bilbao avec huit mille hommes, et dix mille étaient répartis dans les places de la Biscaye. Dans cet état de choses, le général en chef, qui est l'objet de cette note, proposa et soutint l'idée de lever toutes ces garnisons, et de porter leurs dix mille hommes en Navarre, pour les y réunir à l'armée du général Clauzel et à celle du roi, et de charger le général Foy de se replier sur la Bidassoa avec ses huit mille hommes, et par suite sur Bayonne, si

cela était nécessaire. Très-certainement, si une armée de soixante mille hommes de troupes françaises
s'était ainsi trouvée en Navarre, lord Wellington
ne se serait pas placé entre la mer et elle, et toute
la fin de cette désastreuse campagne était changée.
Mais il était écrit dans le livre fatal qu'aucune idée
juste ou seulement raisonnable ne devait être adoptée ou suivie. En effet, au lieu de se réunir et de
choisir un théâtre convenable aux opérations possibles, on resta divisé, on entassa ce qui était avec le
roi dans le bassin de Vitoria, on prit position sans
être en mesure d'attendre l'ennemi, on s'affaiblit
encore en envoyant la division Maucune escorter un
grand convoi en France, et finalement on reçut et
on perdit la bataille de Vitoria.

Avec une si grande disproportion de forces, ce
triste évènement n'offrit rien d'étonnant, si ce n'est
la résistance de quelques corps de troupes, et notamment des deux divisions de l'armée de Portugal
qui restaient au général en chef Reille, dont la conduite excita justement une véritable admiration.
Avec sept mille hommes qu'il avait, il soutint sur
un grand développement les efforts de deux divisions anglo-portugaises qui étaient de quinze à seize
mille hommes ; de la bande de Longa, forte de trois
mille cinq cents hommes, et de l'armée de Galice :
il ne fut forcé sur aucun point, et ne se retira que
par ordre. Il est vrai que, quand cet ordre lui par-
vint, l'ennemi était déjà maître de Vitoria, et de

tous côtés débouchait sur ses derrières ; mais il est
également vrai qu'il culbuta tout ce qui voulut s'opposer à son passage, se fit jour à travers l'armée
ennemie, rejoignit le roi, et acheva par-là de se
faire le plus grand honneur. Quant à l'action dans
laquelle, malgré la citation de Bysance, lord Wellington, au lieu de l'éviter, attaqua le plus grand
noyau de l'armée française, elle doit faire plaindre
les vaincus, mais ne peut faire admirer les vain-
queurs. L'état de situation des deux armées, avant
la bataille, et l'état de leurs pertes respectives,
acheveraient de le prouver si cela était nécessaire,
attendu qu'avec tant de moyens de perdre moins
de monde que nous, lord Wellington en a réellement perdu beaucoup plus. Il avait cependant
encore, même après la bataille, les plus grands
moyens de faire pencher à cet égard la balance en
sa faveur, mais il n'en profita pas ; et, pour faire
sentir à quel point cela est vrai, nous prierons le
lecteur de prendre ici la carte, et de se rendre ainsi
compte de ce que peut être un chef qui, après avoir
enlevé Vitoria, après l'avoir dépassé dès le soir
même de plusieurs lieues, et agissant avec une si
grande supériorité de forces et de moyens, ne prend
pas un homme des huit mille qui en ce moment se
reportaient, sous les ordres du général Foy, de
Bilbao sur la grande route de France ; pas un des
dix mille qui étaient épars dans les petites places de
la Biscaye, et que le général Foy sauva très-habi-

lement ; et enfin, pas un des quatorze mille qui ; sous les ordres du général en chef Clauzel, marchant pour se réunir au roi, et ne pouvant rien savoir des évènemens de la veille, arrivèrent le 22 au soir à *Trevigno*, à *trois lieues de Vitoria*, pendant que toutes les troupes qui *l'avaient évacuées le 21*, étaient *dans la vallée d'Araquil*, et que lord Wellington, avec la plus grande partie de ses forces, *avait déjà dépassé Salvatierra*. Je déclare que les souvenirs de vingt-cinq années de guerre ne m'offrent rien qui (en fait de fautes militaires) puisse être mis à côté de cette partie de la conduite militaire de l'homme que l'Angleterre proclame le plus grand général des temps anciens et modernes.

Opérations postérieures.

Texte. Les actions plus récentes de ce grand capitaine sont si évidemment le fruit de la plus parfaite habileté militaire, qu'il serait *inutile* de chercher à en développer les principes.

Observation. Inutile n'est pas ici le mot ; *embarrassant* aurait beaucoup plus d'acceptions vraies et d'applications naturelles, ainsi que le lecteur en jugera par la série des faits qu'il nous reste à présenter.

Le premier fut la tentative faite vers la fin de juillet 1813, pour débloquer Pampelune.

Cette opération devait réussir ; et certes, ce n'est

pas milord Wellington qui la fit manquer. Au fait ; si l'on n'avait pas laissé devant Irun quatorze mille hommes qui furent perdus pour cette opération ; si les trois corps agissans avaient marché plus serrés ; si tous les chemins ou sentiers praticables avaient été suivis ; si ce mouvement s'était fait par divisions au lieu de se faire par armée ; si les corps avaient reçu l'ordre de se porter sans perdre de temps , et en dédaignant les opérations secondaires ou non indispensables , à un point marqué pour le rassemblement général , elle aurait réussi ; mais elle aurait réussi bien plus sûrement encore , si , en temps utile, le maréchal Suchet avait pu être instruit du projet de marcher sur Pampelune ; attendu que, dans cette supposition , ce maréchal aurait pu , avec vingt mille hommes , passer le Sègre à Lérida , pénétrer dans l'Aragon qu'il connaissait si bien , et achever d'assurer la réussite de cette expédition : les dispositions de lord Wellington eussent été insuffisantes, Pampelune était débloqué , l'armée combinée faisait inévitablement de grandes pertes par la dispersion et la défaite de plusieurs de ses divisions, nous nous trouvions établis dans les riches contrées de la Navarre et de l'Aragon ; lord Wellington était obligé de lever le siége de Saint-Sébastien , et de se reporter sur la droite de l'Ebre ; l'idée émise à Pancorbo , et malgré les pertes faites à Vitoria se trouvait encore exécutée ; l'ennemi n'entrait pas en France ; nous sauvions à nos provinces méridionales

huit cent millions de pertes, et elles restaient heureuses et florissantes! Mais rien de tout cela n'eut
lieu, et nous fûmes arrêtés dans notre mouvement,
parce que nous devions l'être. Quant à lord Wellington, il profita si peu de nos fautes, qu'il ne nous
enleva pas seulement l'artillerie de l'armée, qui, sans
escorte, fut renvoyée des portes de Pampelune par
Ronceveaux en France, et cela pendant que l'armée,
sous le prétexte d'une opération supposée, prit une
route différente.

Quelque fût le résultat de cette tentative, il est
vrai cependant qu'avec d'autres dispositions, elle
devait être faite ; mais il n'en fut pas de même de
celle dont le déblocus de Saint-Sébastien fut l'objet.
Jamais elle n'aurait dû être tentée. Un vieil adage
dit : Qu'attaquer l'Espagne de ce côté, *c'est prendre
le taureau par les cornes :* nous n'avions certes pas
besoin d'en faire la triste expérience, et cependant
le malheur nous y condamna. Nous échouâmes en
effet dès le début : une crue d'eau inattendue faillit
nous faire perdre trois divisions entières, et qui ne
furent sauvées que par les talens du général Clauzel ;
mais cette affaire nous coûta six mille hommes ; et,
sans avoir eu la peine de faire une disposition, la
situation de lord Wellington s'en améliora d'autant.

Peu de jours après cette fatale tentative, qui mit
le comble au découragement des troupes, et finit
de notre part toute offensive, Saint-Sébastien se
rendit, après une mémorable défense : dès ce

moment, on s'attendit à voir lord Wellington se porter en avant : rien ne pouvait l'en empêcher, et tout devait l'y déterminer. En se hâtant de le faire, il mettait plutôt à la charge de son ennemi, la solde, la nourriture et l'entretien d'une grande armée , et il en affranchissait son pays et son allié. L'avantage était égal sous les rapports de l'économie, de la politique et de la guerre : un général *ordinaire* se serait hâté de se l'assurer : il se serait dit, que moins il laissait de répit à une armée battue trois fois de suite, plus il s'assurait de nouveaux succès , et il aurait senti qu'une inaction inutile et si extraordinaire, lui ferait justement imputer à crime le moindre échec qu'il pourrait avoir; et qu'en tout état de cause on pourrait lui demander compte de tout ce qu'on peut faire d'une grande armée , pendant chacun des jours où il n'en aurait rien fait (1). Mais d'une part, lord Wellington en jugea différemment, et de l'autre il était dit, qu'en même temps que tout nous était funeste, rien ne devait lui être contraire; que ce qu'il n'exécuterait pas un jour , il aurait le loisir de l'exécuter le lendemain ; que l'occasion, qui pour tant d'autres a à peine un instant,

______

(1) Couvrir le siége de Saint-Sébastien n'était rien faire pour une armée comme celle de lord Wellington, sur-tout quand elle pouvait le couvrir en nous repoussant fort loin, et que plus elle nous repoussait, mieux elle le couvrait.

aurait pour lui des mois et des années ; que ce qu'il ne ferait pas , serait réputé impossible ou inutile , et que tout ce qu'il ferait serait admiré , exalté et considéré comme le *nec plus ultrà* de la science et du talent. Les prôneurs de lord Wellington ne comptaient sans doute pas encore un jour perdu pour sa gloire, lorsque le 7 octobre, il se mit enfin en marche, et exécuta son passage de la Bidassoa sur de nombreuses colonnes.

Préparé depuis long-temps à ce mouvement, nous n'avions sur la Bidassoa que des postes d'observations, et l'armée était campée à St.-Jean-de-Luz. Lord Wellington passa donc cette rivière sans grande difficulté. Après un aussi long repos , on s'attendait à une campagne active et vigoureuse, et sans doute le lecteur s'attend de même à apprendre qu'elle eut lieu sans aucun retard nouveau ; mais à cet égard, lord Wellington mit encore une fois tous les calculs en défaut : arrivé à la Rune, qui est à une lieue au-delà de la Bidassoa, il prit position et en resta là.

Plus d'un mois se passa encore sans qu'il fît un pas en avant : le motif de cette nouvelle halte fut, dit-on, d'attendre la reddition de Pampelune, afin de se renforcer des troupes de ce blocus ; mais, ayant plus de deux fois notre force, cette raison n'est pas admissible, et ne découvre que l'impossibilité de donner la véritable, sur-tout quand, devant une armée qui ne pouvait plus rien , on peut achever

de prouver l'inconcevable tâtonnement de ce général, par trente - deux jours d'intervalle entre le
passage de la Bidassoa et celui de la Nivelle ; par
trente jours d'intervalle entre le passage de la Nivelle
et celui de la Nive ; et par quatre-vingt-neuf jours
d'intervalle entre le passage de la Nive et la bataille
d'Ortèz , c'est-à-dire cent quatre-vingts jours employés pour des opérations qui n'en requéraient pas
trente , et qui, sans une série d'évènemens surnatu-
rels , eussent dû manquer en six mois , alors même
qu'ils étaient possibles en un.

Ces rapprochemens nous conduisent à la bataille
d'Ortèz. Je n'y étais pas ; j'en connais peu les détails.
On dit qu'il n'y restait aucun équilibre entre les
forces , et cela doit être : diminuée par des pertes
continuelles, par le départ des troupes qu'on tirait
sans cesse de cette armée pour les envoyer à celle
que commandait Buonaparte, et par la désertion des
conscrits qu'on levait dans le pays même, ce qui
opposait les habitans à l'armée. N'ayant d'ailleurs
que des malheurs, elle devait se décourager autant
que s'affaiblir ; tandis que l'ennemi se renforçait tous
les jours, et s'électrisait par une position qui , chaque
jour, devenait plus brillante. Nous fûmes donc bat-
tus à Ortèz : il en fut de même au combat d'Aire ,
et il était impossible que cela fût autrement ; mais à
quelque degré que tout ce qui précède fût marqué
au coin du malheur, jamais le sort ne se montra
d'une manière qui nous fût plus fatale qu'à Saint-

Sory, où deux divisions d'infanterie et une de cavalerie anglaises furent , pendant plusieurs jours,
coupées de leur armée par une crue extraordinaire
de la Garonne , sans qu'on en sût un mot à Toulouse, qui n'en est pas à quatre lieues , et où était
toute notre armée ; et lors de la prise de Toulouse ,
où par l'effet de la belle conduite du général anglais
Cole , autant que par la manière inexcusable dont
la division Taupin fut conduite , qu'une division
anglaise, dont aucun homme ne devait échapper,
battit , pour ainsi dire , l'armée française !.. Le tort
de mépriser son ennemi, produisit en partie cet
évènement ; et lord Wellington , qui n'avai été pour
rien dans le plan de cette attaque, ne fut pas moins
étonné que nous du fait et du résultat. Quoi qu'il en
soit , il n'en est pas moins vrai, qu'eut-il réussi,
le général Taupin aurait mérité d'être blâmé, comme
le mérita , malgré sa réussite, le général anglais qui
dirigea cette opération ; et qu'il n'y a que le général
Cole qui , s'il avait succombé , aurait mérité autant
d'honneur qu'il s'en est acquis par le succès.

FIN DU TEXTE ANGLAIS.

Texte. Une grande expérience dans l'art de
la guerre produit seule, dit-on, cette prudence
qui est , suivant les autorités les plus impor-
tantes , la meilleure arme à opposer à l'impé-

tuosité française (Robertson, *Histoire de Charles-Quint*, année 1521.). Un général, dit Tacite (*Hist.*, *II*, 20.), réussit moins souvent par la témérité que par la prévoyance, et le soin de temporiser et de délibérer avant d'agir : les traits dont cet historien philosophe peint Sentorius Polinus, caractérisent bien aussi la conduite militaire de notre noble et illustre compatriote. *Il hésitait et pesait toutes les circonstances, préférant, avec raison, des mesures certaines à des succès présumés* qui pouvaient être l'ouvrage de la fortune. Son premier soin était de se préserver d'une défaite; le second, de combattre pour la victoire (*Hist.*, *II*, 26.).

Observation. Il est assez comique de dire d'un homme, *qu'on déclare le plus grand général qui ait jamais existé, qu'il hésitait, sur-tout ne voulant que des succès certains,* etc. Mais quelle gloire y a-t-il donc à obtenir des succès certains? Dans le nord et le centre de l'Espagne, tous à la fin n'étaient-ils pas certains contre nous, pour qui savait attendre?...A mesure que les circonstances font plus, l'homme a moins à faire. On peut donc féliciter celui pour qui les évènemens ont tout fait ; mais non pour cela l'encenser comme un dieu : c'est trop rappeler l'idole, qui n'est rien que par l'idée qu'on y attache. Il serait faux d'ailleurs de dire que lord Wellington n'a rien donné au hasard, et qu'il a profité de toutes les chances sûres : ainsi que je l'ai dit vingt fois, il a reculé devant des occasions certaines, brillantes et décisives ; ce qui prouve qu'il s'est trop souvent trompé pour être *le premier homme du monde*, et même pour être un homme transcendant.

Je ne connais donc qu'un moyen de défense qui (à l'exception des risques auxquels il s'est gratuitement exposé) puisse concilier ce que lord Wellington est, d'après les cris de ses compatriotes, et ce qu'il est d'après l'analyse de ses opérations et de sa conduite ; c'est de dire qu'*il avait prévu tout ce qui est arrivé depuis deux ans ; et qu'il a tout calculé de manière à faire coïncider ses derniers succès avec l'invasion des alliés ;* mais, en vérité, je crois qu'il n'aurait pas le courage d'employer de semblables moyens, et que s'il le faisait, ses compatriotes pourraient finir par en avoir pour lui quelque honte.

Au résumé, par la force des choses, lord Wellington aurait dû nous faire éprouver dix fois les plus grands désastres ; par ses fautes, il aurait pu être détruit quatre fois (1). Nous n'avons échappé que par ses erreurs et par ses lenteurs ; il n'a échappé les

---

(1) Je suis loin de faire à Mylord Wellington tous les reproches qu'il a mérité comme homme de guerre ; mais je n'ai voulu parler que des faits que j'ai pu croire bien connaître.

quatre fois que par l'effet des rivalités, des passions, des calculs personnels. Les évènemens ont fini par faire, en majeure partie, tout ce qui lui est imputé à gloire; et cependant (ce qui sera éternellement digne de remarque) il a en résultat cent fois plus de réputation qu'il n'en aurait, s'il avait eu le talent de débuter par où il a eu à peine celui de finir : de même qu'en dernière analyse, il nous a fait beaucoup plus de mal, que s'il avait commencé par nous en faire davantage, et s'il nous avait toujours fait celui qu'il devait nous faire.

Il faut avouer que, d'après des faits semblables, il serait difficile de ne pas prendre en grande pitié la réputation colossale que, par une inconcevable *moutonnerie*, tout le monde semble prendre à tâche de lui faire, ou plutôt de soutenir qu'il s'est faite. Il en est à-peu-près de même de ce général Blücher, qui, agissant avec plus de trois cents mille hommes contre une armée qui, depuis le passage du Rhin, n'avait pas été de quarante mille; c'est-à-dire combattant contre une poignée d'enfans, à la tête de la croisade du monde, s'est encore laissé battre; et n'a réussi en définitif, que par le concours des plus inconcevables circonstances; ce qui change en une véritable parade, et rend éternellement burlesque la première entrevue *de ces deux grands hommes;* entrevue marquée par un de ces mouvemens d'étonnement, qui certes ne peut-être qu'une jonglerie de plus, et qui a donné lieu à ce colloque, dans

lequel des sentimens si différens ont si bien pris
la place de la modestie et de la vraie grandeur
d'ame , et dont le souvenir se conservera long-
temps.........

WELLINGTON.

Vous êtes le premier général du monde !

BLUCHER.

Non , Milord , c'est vous !

Risum teneatis , amici.

FIN.

www.ingramcontent.com/pod-product-compliance
Lightning Source LLC
Chambersburg PA
CBHW051229030726
47595CB00003B/813